연세대학교 교목실 기획 시리즈 2

기도의
순례길

연세대학교 교목실 편

다바르
Dabar Bible School

서문

　연세대학교 교정이 위치한 이 땅에는 수많은 역사적 이야기가 깃들어있습니다. 호래스 그랜트 언더우드와 릴리어스 호튼 언더우드가 성서에서 증언하는 하나님의 말씀 위에 한국의 청년들을 위한 근대학문의 배움터를 열어가기 위한 셀 수 없는 노력의 결과물이 오늘 우리가 무심코 발길을 옮기는 이 교정입니다. 이 분들의 눈물과 헌신, 기쁨과 감사의 표현을 기도에 담아 하나님과 나누었을 그 많은 기도를 감히 상상해 봅니다. 그리고 이 아름다운 교정에서 함께 가르치며, 배우고, 일하고 살아가며, 오늘 우리는 21세기의 전 지구적 도전 앞에서 어떠한 미래를 준비해야 할지 다시 한번 걸음을 멈추고 생각하고 기도합니다.

　개신교 신앙은 특별한 장소에만 국한된 의미를 부여하지 않고 "두세 사람이 내 이름으로 모이는 자리에는, 내가 그들과 함께 있다." (마태 18:20) 는 주님의 말씀에 의지하여 비교적 공간에 대한 자유로운 감각을 갖고 있습니다. 기도의 장소도 마찬가지입니다. 그

럼에도 불구하고 익숙한 공간, 늘 머물던 공간을 떠나서 지정된 특정한 장소를 찾아 기도하는 일도 중요할 것입니다. 하나님과의 은밀한 대화를 이어가는 자리가 필요한 분들을 위해 마련된 장소가 신촌과 국제캠퍼스 곳곳에서 여러분들을 기다리고 있습니다. 이곳에서 드려지는 기도가 나와 내 가족, 그리고 우리 대학을 위한 것뿐 아니라, 공동체와 자연을 포함한 모든 포괄적 이웃을 향한 기도로 이어지길 바라는 마음 간절합니다.

　연세대학교 신촌과 국제캠퍼스 안에 위치한 기도실 순례의 길을 소개하기 위한 이 소책자는 각 기도실이 자리하고 있는 단과대학의 건물의 내,외부를 소개함으로써 그 위치를 알리고 기도에 관련된 신구약 성서를 연결시킴으로 성서적 명상도 어우러질 수 있도록 배열하였습니다. 이 책자에는 연세대학교 의과대학 안에 위치한 기도실만 소개하였으나, 연세의료원에는 이 외에도 여러 곳에 기도하실 수 있는 여러 공간들이 있습니다(세브란스병원 본관 8층, 12층, 15층, 18층과 연세암병원 7층, 재활병원 5층, 심장혈관병원 6층에 기도실이 마련되어 있고, 세브란스병원 본관 6층과 어린이병원 제중관 3층, 강남세브란스병원 2동 3층과 용인세브란스병원 4층에는 예배실이 있음). 또한 다종교, 다문화 상황을 고려하여 국제캠퍼스 송도1학사 B동 1층에는 여러 종교의 학생들이 기도와 명상을 위해 사용할 수 있는 명상실이 마련되어 있습니다.

이 일을 위하여 수고한 모든 분들을 기억합니다. 특별히 영상미가 돋보이는 작품을 선사해준 김준철님, 이 책자를 손에 펴 들게 될 독자를 위하여 감각적이며 효과적으로 편집해준 조예찬님, 이 책자에 들어갈 기도 관련 성서문구를 서로 같이 고민하며 나누어주신 모든 교목님들, 그리고 이 책자의 기획부터 발간까지 수고한 교목실 선교지원팀 선생님들 모두에게 깊이 감사드립니다. 그리고 이 책 발간을 위하여 재정적 후원을 아끼지 않으신 일경장학재단 박서경 이사장님께도 진심으로 감사 인사 전합니다. 이분들의 노력이 모두 협력하여 선을 이루어 이 자그마한 책자 안에 아름답게 어우러졌습니다. 성서 구절 인용에서 국문은 새번역, 영문은 Contemporary English Version(CEV)을 사용하였습니다.

우리의 발걸음이 궁극적으로 하나님 나라를 향한 순례의 여정이 되길 바라며 그 길 위에서 두 손을 모은 기도로 그 순례길에 동참하고자 하는 모든 이들을 초청합니다. 우리의 기도에 응답하시는 "하나님의 크고 놀라운 비밀(예레미야 33:3)"을 풍성히 체험하시는 일들로 이 공간들이 가득 채워지길 기원합니다.

2024.7.19.
언더우드 탄생 165주년을 기념하며

정미현
(연세대학교 교목실장/연세대학교 연합신학대학원 교수)

차례

루스채플 기도실은 학생회관 뒤 루스채플의 지하실
(B101호)에 있으며, 30여 명을 수용할 수 있다.

루스채플 기도실

예레미야서 33:3
네가 나를 부르면, 내가 너에게 응답하겠고,
네가 모르는 크고 놀라운 비밀을 너에게 알려 주겠다.

Jeremiah 33:3
Ask me, and I will tell you things that you don't
know and can't find out.

이과대학 기도실은 과학관 1층(A131호)에 있으며,
12여 명을 수용할 수 있다.

이과대학 기도실

요나서 2:7
내 목숨이 힘없이 꺼져 갈 때에, 내가 주님을 기억하였더니,
나의 기도가 주님께 이르렀으며,
주님 계신 성전에까지 이르렀습니다.

Jonah 2:7
When my life was slipping away, I remembered you and
in your holy temple you heard my prayer.

법학전문대학원 기도실은 광복관 1층(101호)에 있으며,
30여 명을 수용할 수 있다.

법학전문대학원 기도실

역대지상 16:11
주님을 찾고, 주님의 능력을 힘써 사모하고,
언제나 주님의 얼굴을 찾아 예배하여라.

1 Chronicles 16:11
Trust the LORD and mighty power of the LORD.
Worship the LORD always.

공과대학 기도실은 제3공학관 1층(제3공학관 밖)에 있으며,
20여 명을 수용할 수 있다.

공과대학 기도실

마태복음 6:9-13

그러므로 너희는 이렇게 기도하여라. '하늘에 계신 우리 아버지, 그 이름을 거룩하게 하여 주시며, 그 나라를 오게 하여 주시며, 그 뜻을 하늘에서 이루심 같이, 땅에서도 이루어 주십시오. 오늘 우리에게 필요한 양식을 내려 주시고, 우리가 우리에게 죄 지은 사람을 용서하여 준 것 같이 우리의 죄를 용서하여 주시고, 우리를 시험에 들지 않게 하시고, 악에서 구하여 주십시오. [나라와 권세와 영광은 영원히 아버지의 것입니다. 아멘.]

Matthew 6:9-13

You should pray like this: Our Father in heaven, help us to honor your name. Come and set up your kingdom, so that everyone on earth will obey you, as you are obeyed in heaven. Give us our food for today. Forgive us for doing wrong, as we forgive others. Keep us from being tempted and protect us from evil.

상경대학 기도실은 대우관 6층(612호)에 있으며,
20여 명을 수용할 수 있다.

상경대학 기도실

마태복음 6:33-34

너희는 먼저 하나님의 나라와 하나님의 의를 구하여라. 그리하면 이 모든 것을 너희에게 더하여 주실 것이다. 그러므로 내일 일을 걱정하지 말아라. 내일 걱정은 내일이 맡아서 할 것이다. 한 날의 괴로움은 그 날에 겪는 것으로 족하다.

Matthew 6:33-34

But more than anything else, put God's work first and do what God wants. Then the other things will be yours as well. Don't worry about tomorrow. It will take care of itself. You have enough to worry about today.

경영대학 기도실은 경영관 B1층(B107호)에 있으며,
20여 명을 수용할 수 있다.

경영대학 기도실

시편 50:15
그리고 재난의 날에 나를 불러라. 내가 너를 구하여
줄 것이요, 너는 나에게 영광을 돌리게 될 것이다

Psalms 50:15
Pray to me in time of trouble. I will rescue you,
and you will honor me.

상남경영원 기도실은 상남경영원 603호에 있으며,
10여 명을 수용할 수 있다.

상남경영원 기도실

<table>
<tr><td>마태복음 7:7-8</td><td>Matthew 7:7-8</td></tr>
<tr><td>구하여라, 그리하면 하나님께서 너희에게 주실 것이다. 찾아라, 그리하면 너희가 찾을 것이다. 문을 두드려라, 그리하면 하나님께서 너희에게 열어 주실 것이다.
구하는 사람마다 얻을 것이요, 찾는 사람마다 찾을 것이요, 문을 두드리는 사람에게 열어주실 것이다.</td><td>Ask, and you will receive. Search, and you will find. Knock, and the door will be opened for you.
Everyone who asks will receive. Everyone who searches will find. And the door will be opened for everyone who knocks.</td></tr>
</table>

무악3학사 기도실은 신촌 무악3학사 B동 118호에
위치하고 있으며, 20여 명을 수용할 수 있다.

무악3학사 기도실

히브리서 4:16
그러므로 우리는 담대하게 은혜의 보좌로 나아갑시다.
그리하여 우리가 자비를 받고 은혜를 입어서,
제 때에 주시는 도움을 받도록 합시다.

Hebrews 4:16
So whenever we are in need, we should come bravely before
the throne of our merciful God. There we will be treated with
undeserved kindness, and we will find help.

의과대학 기도실은 의과대학 강의동 1층 LC 라운지에
위치하고 있으며, 12여 명을 수용할 수 있다.

의과대학 기도실

디모데전서 2:1
그러므로 나는 무엇보다도 먼저, 모든 사람을 위해서
하나님께 간구와 기도와 중보 기도와
감사 기도를 드리라고 그대에게 권합니다.

1 Timothy 2:1
First of all, I ask you to pray for everyone.
Ask God to help and bless them all, and tell
God how thankful you are for each of them.

신과대학 기도실은 원두우신학관 2층 212호에
위치하고 있으며, 20여 명을 수용할 수 있다.

신과대학 기도실

마가복음 11:24
그러므로 나는 너희에게 말한다. 너희가 기도하면서
구하는 것은 무엇이든지, 이미 그것을 받은 줄로 믿어라.
그리하면, 너희에게 그대로 이루어질 것이다.

Mark 11:24
Everything you ask for in prayer will be yours, if
you only have faith.

국제캠퍼스 크리스틴채플 기도실은 크리스틴채플 1층에 있으며
10여 명을 수용할 수 있다.

크리스틴채플 기도실

골로새서 4:2
기도에 힘을 쓰십시오. 감사하는 마음으로 기도하면서,
깨어 있으십시오.

Colossians 4:2
Never give up praying. And when you pray, keep
alert and be thankful.

국제캠퍼스 송도 1학사 기도실은 송도 1학사 A동 1층에 있으며
30여 명을 수용할 수 있다.

송도1학사 기도실

로마서 8:26

이와 같이, 성령께서도 우리의 약함을 도와
주십니다. 우리는 어떻게 기도해야 할지도
알지 못하지만, 성령께서 친히 이루 다 말할
수 없는 탄식으로, 우리를 대신하여 간구하
여 주십니다.

Romans 8:26

In certain ways we are weak, but the
Spirit is here to help us. For example,
when we don't know what to pray for,
the Spirit prays for us in ways that
cannot be put into words.

국제캠퍼스 송도 2학사 기도실은 송도 2학사 D동 1층에 있으며
15여 명을 수용할 수 있다.

송도2학사 기도실

빌립보서 4:6
아무것도 염려하지 말고, 모든 일을 오직 기도와
간구로 하고, 여러분이 바라는 것을 감사하는
마음으로 하나님께 아뢰십시오.

Philippians 4:6
Don't worry about anything, but pray about
everything. With thankful hearts offer up your
prayers and requests to God.

기도의 순례길
연세대학교 교목실 기획 시리즈 2

초판인쇄일	2024년 8월 30일
초판발행일	2024년 8월 30일
펴낸이	임경묵
펴낸곳	도서출판 다바르
주소	인천 서구 건지로 242, A동 401호(가좌동)
전화	032) 574-8291
편집	정미현
사진	김준철
디자인	조예찬
기획 및 인쇄	장원문화인쇄

ISBN 979-11-93435-09-0(03230)